무량공덕 사경 6

父母恩重經

사경은 무량공덕의 기도

무비 스님

부처님께서 말씀하시기를 "수보리야, 나는 과거 무량아승지겁 동안 팔백 사천 만억이나 되는 수많은 부처님을 받들어 섬기고 공양(供養)올렸느니라. 그러나 만약 어떤 사람이 이 부모은중경을 쓰거나 독송하여 얻은 공덕(功德)과 비교한다면 부처님을 받들어 섬기고 공양한 공덕으로는 천만분의 일도 미치지 못하느니라. 왜냐하면 이 경전의 의미는 불가사의하며 그 과보(果報)도 또한 불가사의하기 때문이니라."라고 하시었습니다.

부모은중경은 부모의 은혜가 한량없이 크고 깊음을 설하여 그 은혜에 보답할 것을 가르치는 불교 경전으로《불설대보부모은중경(佛說大報父母恩重經)》이라고도 합니다. 이 경의 특징은 부모의 은혜를 십대은(十大恩)으로 나누어서 구체적이고 과학적으로 설명하고 있으며, 내용은 어머니 품의 잉태에서부터 해산할 때까지의 고통을 이기는 은혜는 말할 것도 없고, 끝까지 불쌍히 여기고 사랑해주는부모의 은혜 등으로 십대목입니다. 특히 효경보다 어머니의 은혜를 강조하고 있습니다. 우리가 한평생을 살아가면서 이와 같이 귀중한 가르침을

만난다는 것은 이 세상에 그 무엇과도 비교할 수 없는 행복
한 일입니다.
경전을 통한 수행에는 네 가지를 듭니다. 서사(書寫)·수
지(受持)·독송(讀誦)·해설(解說)이 그것입니다. 서사란 사
경(寫經)으로서 경전을 쓰는 일입니다. 경전을 쓰는 일은 온
몸과 마음을 다해야 하기 때문에 최상세일이며 부량공덕의
기도가 됩니다. 사람이 살아가는 일에 있어서 이보다 더 소
중하고 값진 일은 없을 것입니다.

사경공덕수승행 무변승복개회향
寫經功德殊勝行 無邊勝福皆廻向
보원침익제유정 속왕무량광불찰
普願沈溺諸有情 速往無量光佛刹

경을 쓰는 이 공덕 수승하여라
가없는 그 복덕 모두 회향하여
이 세상의 모든 사람 모든 생명들
무량광불 나라에서 행복하여지이다.

불기 2545년 동안거

발 원 문

사경제자 :   합장

사경시작 일시 :   년   월   일

사 경 의 식

삼귀의례

거룩한 부처님께 귀의합니다.

거룩한 가르침에 귀의합니다.

거룩한 스님들께 귀의합니다.

개경게

가장 높고 미묘하신 부처님 법

백천만 겁 지나도록 인연 맺기 어려워라

내가 이제 불법진리 보고 듣고 옮겨 쓰니

부처님의 진실한 뜻 깨우치기 원합니다.

사경발원

자신이 세운 원을 정성스런 마음으로 발원한다.

입정

정좌해서 마음을 고요히 하여 사경할 자세를 갖춘다.

사경시작

사경끝남

사경봉독

손수 쓴 경전을 소리내어 한 번 독송한다.

사경회향문

경을 쓰는 이 공덕 수승하여라
가없는 그 복덕 모두 회향하여
이 세상의 모든 사람 모든 생명들
무량광불 나라에서 행복하여지이다.

불전삼배

사홍서원

중생을 다 건지오리다.
번뇌를 다 끊으오리다.
법문을 다 배우오리다.
불도를 다 이루오리다.

佛說大報父母恩重經
불설대보부모은중경

姚秦三藏沙門鳩摩羅什奉詔譯
요진삼장사문구마라습봉조역

第一編 序分
제일편 서분

如是我聞니하오 一時에 佛이 在舍衛國
여시아문 일시 불 재사위국

舍城祇樹給孤獨園하사 與大比丘三萬
사성기수급고독원 여대비구삼만

八千人과 菩薩摩訶薩衆으로 俱러시니
팔천인 보살마하살중 구

第二編　正宗分

第一章　報恩因緣

第一節　如來頂禮

爾時에 世尊이 將領大衆하고 往詣南行하실새

見一堆枯骨하고 爾時如來ㅣ 五體投地하사

禮拜枯骨하신 阿難과 大衆이 白佛言하사대 世

尊(존)如來(여래)는 是(시)三界大師(삼계대사)요 四生慈父(사생자부)라

衆人(중인)이 歸敬(귀경)커늘 云何禮拜枯骨(운하예배고골)이니고

第二節(제이절) 佛認宿世(불인숙세)

佛告阿難(불고아난대하사) 汝雖是吾上足弟子(여수시오상족제자)로 出(출)

家深遠(가심원)이나 知事未廣(지사미광)이라 此一堆枯骨(차일퇴고골)이 或(혹)

是我前世翁祖(시아전세옹조)어나 累世爺孃(누세야양)일새 吾今禮拜(오금예배)라하노

第三節　二分問答
　　（제삼절　이분문답）

佛告阿難하사대
（불고아난）

汝將此一堆枯骨하야
（여장차일퇴고골）

分作二分하라
（분작이분）

若是男子骨頭면
（약시남자골두）

白了又重하고
（백료우중）

若是女人骨頭면
（약시여인골두）

黑了又輕이니
（흑료우경）

阿難이 白佛言하사대
（아난이 백불언）

世尊이시여
（세존）

男人은 在世에
（남인은 재세에）

衫帶靴帽로 裝裏하면
（삼대화모로 장과하면）

即知是男兒之身이요
（즉지시남아지신이요）

女人은 在世에
（여인은 재세에）

濃塗赤硃臙脂하고 蘭麝로 裝裹하면 卽知是

女流之身이어니와 如今死後에 白骨은 一般이어

敎弟子로 如何認得잇고이니

佛告阿難하사 若是男人이면 在世之時에

入於伽藍하야 聽講誦經하며 禮拜三寶하고

念佛名字일새 所以로 骨頭ㅣ 白了又重하고

女人은 在世에 恣情婬欲하며 生男養女하고

一廻生箇孩兒에 流出三斛三升凝血하고

飲孃八斛四斗白乳니하나 所以로 骨頭ㅣ

黑了又輕이니 阿難이 聞語하옵고 通割於心하야

垂淚悲泣하며 白佛言하사 世尊이시 母恩德者를

云何報答잇하고리

第二章　歷陳恩愛
제이장　역진은애

第一節　彌月劬勞
제일절　미월구로

佛告阿難하사 汝今諦聽諦聽하라 吾今爲
불고아난하사　여금제청제청하라　오금위

汝 分別解說호리라 阿孃이 懷子十月之中에
여하야　분별해설라하리　아양이　회자시월지중에

極是辛苦라이니 阿孃一箇月의 懷胎는
극시신고라이니　아양일개월의　회태는

恰如草頭上珠하야
흡여초두상주하야

一五

保(보)朝(조)不(불)保(보)暮(모)니하나 早(조)晨(신)에 聚(취)將(장)來(래)라가 午(오)時(시)면

消(소)散(산)去(거)니라

阿(아)孃(양)兩(양)箇(개)月(월)의 懷(회)胎(태)는 恰(흡)如(여)撲(박)落(락)凝(응)蘇(소)니라

阿(아)孃(양)三(삼)箇(개)月(월)의 懷(회)胎(태)는 恰(흡)如(여)凝(응)血(혈)이니라

阿(아)孃(양)四(사)箇(개)月(월)의 懷(회)胎(태)는 稍(초)作(작)人(인)形(형)이니

阿(아)孃(양)五(오)箇(개)月(월)의 懷(회)胎(태)는 在(재)孃(양)腹(복)中(중)하야 生(생)

五胞(오포)ㅣ니 하나 何者名爲五胞(하자명위오포)ㅣ어뇨 頭爲一胞(두위일포)ㅣ요 兩(양)

肘爲三胞(주위삼포)ㅣ요 兩膝爲五胞(양슬위오포)ㅣ니라

阿孃六箇月(아양육개월)의 懷胎(회태)에 孩兒在孃服中(해아재양복중)하야

六精(육정)이 開(개)니 하나 何者名爲六精(하자명위육정)ㅣ어뇨 眼爲一精(안위일정)이요

耳爲二精(이위이정)이요 鼻爲三精(비위삼정)이요 口是四精(구시사정)이요 舌(설)

是五精(시오정)이요 意爲六精(의위육정)이니라

阿孃七箇月의 懷胎에 孩兒在孃腹中하야

生三百六十骨節과 八萬四千毛孔이니

阿孃八箇月의 懷胎는 生其意智하며 長

其九竅하나니라

阿孃九箇月의 懷胎에 孩兒在孃腹中하야

喫食不飡桃梨蒜菓와 五穀飮味하나니

阿孃의 生藏은 向下하고 熟藏은 向上하야

有一座山호대 此山이 有三般名字하며 一號는

須彌山이요 二號는 業山이요 三號는 血山이니

此山이 一度崩來에 化爲하야 一條凝血하야 流

入孩兒口中니라하나

阿孃十箇月의 懷胎에 方乃降生니하나 若

是孝順之男(시효순지남)이면 擎拳合掌而生(경권합장이생)하야 不損阿(불손아)

孃(양)이요 若是五逆之子(약시오역지자)면 擘破阿孃胞胎(벽파아양포태)하고

手攀阿孃心肝(수반아양심간)하며 脚踏阿孃胯骨(각답아양골)하야 教孃(교양)

如千刀攪腹(여천도교복)하고 恰似萬刃攢心(흡사만인찬심)니 如斯痛(여사통)

苦(고)로 生得此身(생득차신)호대 猶有十恩(유유십은)이니라

第二節　十偈讚頌（열가지 게（偈）로 찬송함）
제이절　십게찬송

第一은 懷耽守護恩이니 頌曰、
제일은 회탐수호은은 송왈

累劫因緣重하야　今來託母胎로다
누겁인연중　금래탁모태

月逾生五臟이요　七七六精開로다
월유생오장　칠칠육정개

體重如山岳이요　動止怗風災로다
체중여산악　동지겁풍재

羅衣都不掛하고　裝鏡惹塵埃로다
나의도불괘　장경야진애

二一

第二_{제이}는 臨産受苦恩_{임산수고은}이니 頌曰_{송왈}、

懷經十箇月_{회경십개월}에 産難欲將臨_{산난욕장림}이라

朝朝如重病_{조조여중병}이요 日日似惛沈_{일일사혼침}을

惶怖難成記_{황포난성기}라 愁淚滿胸襟_{수루만흉금}을

含悲告親族_{함비고친족} 猶懼死來侵_{유구사래침}을

第三_{제삼}은 生子忘憂恩_{생자망우은}이니 頌曰_{송왈}、

第五는 回乾就濕恩이니 頌曰、

吐甘無所食이요 咽苦不嚬眉로다

愛重情難忍이요 恩深復倍悲로다

但令孩子飽라 慈母不辭飢로다

母自身俱濕 將兒以就乾을

兩乳充飢渴하고 羅袖掩風寒을

第六은 乳哺養育恩이니 頌曰,

恩憐恒廢寢하고 寵弄盡能歡을
但令孩子穩하고 慈母不求安을
慈母象於地요 嚴父配於天을
覆載恩將等이라 父孃意亦然을
不憎無眼目하고 不嫌手足攣을

第七은

誕腹親生子라 終日惜兼憐을

憶昔美容質이 洗濯不淨恩이니 頌曰、

姿媚甚豊濃이라 眉分翠柳色하고 兩臉奪蓮紅터니

恩深摧玉貌오 洗濯損盤龍을

只爲憐男女라 慈母改顔容을

二六

第八은 遠行憶念恩이니 頌曰、

死別誠難忘인대 生離實亦傷을

子出關山外에 母意在他鄉을

日夜心相逐하니 流淚數千行을

如猿泣愛子하야 憶念斷肝腸을

第九는 爲造惡業恩이니 頌曰、

父母江山重이라 恩深報實難을
부모강산중　　　은심보실난

子苦願代受하고 兒勞母不安을
자고원대수　　　아로모불안

聞道遠行去에 行遊夜臥寒을
문도원행거　　행유야와한

男女暫辛苦라도 長使母心酸을
남녀잠신고　　　장사모심산

第十은 究竟憐愍恩이니 頌曰、
제십　구경연민은

父母恩深重하야 恩憐無歇時로다
부모은심중　　　은련무헐시

起坐心相逐하고 遠近意常隨라

母年一百歲에 常憂八十兒로다

欲知恩愛斷인대 命盡始分離로다

第三章　廣說業難

第一節　指數諸愆

佛告阿難하사 我觀衆生호니 雖紹人品이나

心行이 愚蒙하야 不思爺孃의 有大恩德하고 不

不生恭敬하며 棄恩背德하야 無有仁慈하고

孝不義로다

阿孃懷子十月之中에 起坐不安하야 如

擎重擔하며 飲食不下하야 女長病人가 月滿

生時에 受諸苦痛하며 須臾好惡 — 恐爲無

常如殺猪羊하야　血流遍地하며　受如是苦하야

生得此身하고　咽苦吐甘하야　抱持養育하며　洗

濯不淨하야　不憚劬勞하며　忍熱忍寒하야　不思

辛苦하며　乾處는兒臥하고　濕處는母眠하며　三

年之中에　飮母白血하고　嬰孩童子로　乃至

盛年하면　獎敎禮義하고　婚嫁官學에　備求資

業하며 携荷艱辛하야 勤苦之終도이라 不言恩絶하며

男女有病이면 父母病生하고 子若病愈하면 慈

母方差하며 如斯養育하야 願早成人가이라

及其長成는하야 反爲不孝하야 尊親共語에

應對愉降하며 拗眼戾睛하야 欺凌伯叔하고 打

罵兄弟하고 毀辱親情하야 無有禮義하고 不遵

已性成(이성성)에 遂爲狂計(수위광계)하며 被人誘引(피인유인)하야 逃竄(도찬)하고,

他鄉(타향)하야 違背爺孃(위배야양)하고 離家別貫(이가별관)하며 或因經(혹인경)紀(기)하고,

或爲征行(혹위정행)하야 荏苒因循(임염인순)하야 便爲婚娶(변위혼취)하면,

由斯留礙(유사유애)하야 久不還家(구불환가)하며,

或在他鄉(혹재타향)에 不能謹愼(불능근신)타가 被人謀點(피인모점)하야,

横事勾牽(횡사구견)하며 枉被刑責(왕피형책)하야 牢獄枷鎖(뇌옥가쇄)하며 或

遭病患하야 厄難이 榮纏하며 困苦飢羸호대 無
조병환   액난   영전   곤고기리   무

人看侍하고 被他嫌賤하야 倚棄街衢하며 因此
인간시   피타혐천   의기가구   인차

命終호대 無人救療하야 膨脹爛壞어든 日曝風
명종   무인구료   팽창난괴   일폭풍

吹하야 白骨이 飄零에 寄他鄉土니하나 便與親
취   백골   표령   기타향토   변여친

族으로 歡會長乖로다
족   환회장괴

父母는 心隨하야 永懷憂念하며 或因啼血하야
부모   심수   영회우념   혹인제혈

眼(안)闇(암)目(목)盲(맹)하며 혹 或(혹)爲(위)悲(비)哀(애)하야 氣(기)咽(인)成(성)病(병)하며 혹

緣(연)憶(억)子(자)하야 衰(쇠)變(변)死(사)亡(망)하야 作(작)鬼(귀)抱(포)魂(혼)에 不(부)曾(증)

割(할)捨(사)하며

或(혹)復(부)聞(문)子(자)ㅣ 不(불)崇(숭)孝(효)義(의)하고 朋(붕)逐(축)異(이)端(단)하며

無(무)賴(뢰)麤(추)頑(완)하야 好(호)習(습)無(무)益(익)하며 鬪(투)打(타)竊(절)盜(도)하야 觸(촉)

犯(범)鄕(향)閭(려)하며 飮(음)酒(주)樗(저)蒲(포)하야 奸(간)非(비)過(과)失(실)로 帶(대)累(루)

參問起居를 從斯斷絶하며 寒溫飢渴을 曾
不聞知하야 晝夜恒常에 自嗟自歎하며 應資
饌物하야 供養尊親은 每詐羞慚하야 異人怪
笑或持時食하야 供給妻兒엔 醜拙疲勞를
無避羞恥하며 妻妾約束은 每事依從하고 尊
者嗔喝은 全無畏懼하며

或復是女ㅣ 通配他人하면 未嫁之時는

咸皆孝順타가 婚嫁已訖에 不孝遂增하야 父

母微嗔에도 即生怨恨하고 夫婿打罵는 忍受

甘心하며 異姓他宗은 情深眷重하고 自家骨

肉은 却已爲疎하며 或隨夫婿外郡他鄉하면

離別爺孃호대 無心戀慕하며 斷絶消息하고 音

信不通하야 令使爺孃으로 懸腸掛肚하야 常
已倒懸하며 每思見面을 如渴思漿하야 無有
休息하나 父母恩德은 無量無邊이요 不孝之
愆은 卒陳難報니라
爾時大衆이 聞佛所說父母恩德하고 擧
身投地하야 渾堆自撲하니 身毛孔中에 悉皆

流(유)血(혈)이라 悶(민)絶(절)辟(벽)地(지)라가 良(양)久(구)乃(내)蘇(소)하야 高(고)聲(성)唱(창)

言(언)호대 苦(고)哉(재)痛(통)哉(재)라 我(아)等(등)이 今(금)者(자)에 深(심)是(시)罪(죄)

人(인)이어늘 從(종)來(래)未(미)覺(각)하야 冥(명)若(약)夜(야)遊(유)러니 今(금)悟(오)知(지)非(비)하며

心(심)膽(담)이 俱(구)碎(쇄)라 惟(유)願(원)世(세)尊(존)은 哀(애)愍(민)救(구)拔(발)하소서

云(운)何(하)報(보)得(득)父(부)母(모)深(심)恩(은)이닛고

第二節　援喻八種

爾時如來ㅣ卽以八種深重梵音으로告

諸大衆汝等은當知하라吾今爲汝하야分

別解說하리라

假使有人이左肩擔父하고右肩擔母하야

研皮至骨하고骨穿至髓토록遶須彌山을經

百千匝(백천잡)도이라 猶不能報父母深恩(유불능보부모심은)이니라

假使有人(가사유인)이 遭飢饉劫(조기근겁)하야 爲於爺孃(위어야양)하야

盡其己身(진기기신)토록 臠割碎壞(연할쇄괴)를 猶如微塵(유여미진)하야 經(경)

百千劫(백천겁)도이라 猶不能報父母深恩(유불능보부모심은)이니라

假使有人(가사유인)이 手執利刀(수집이도)하고 爲於爺孃(위어야양)하야

剜其眼睛(완기안정)하야 獻於如來(헌어여래)를 經百千劫(경백천겁)도이라 猶(유)

不能報父母深恩이니

假使有人이 爲於爺孃하야 亦以利刀로

割其心肝하야 血流遍地호대 不辭痛苦를 經

百千劫도이라 猶不能報父母深恩이라

假使有人이 爲於爺孃하야 百千刀輪으로

於自身中에 左右出入하야 經百千劫도이라 猶

不能報父母深恩(불능보부모심은)이라이니

假使有人(가사유인)이 爲於爺孃(위어야양)하야 體掛身燈(체괘신등)하야

供養如來(공양여래)를 經百千劫(경백천겁)유 猶不能報父母(유불능보부모)

深恩(심은)이니

假使有人(가사유인)이 爲於爺孃(위어야양)하야 打骨出髓(타골출수)하며

百千鋒戟(백천봉극)으로 一時刺身(일시자신)을 經百千劫(경백천겁)도이라 猶

不能報父母深恩 불능보부모심은 이라이니

假使有人 가사유인이 爲於爺孃하야 呑熱鐵丸을

經百千劫하야 遍身燋爛도이라 猶不能報父母

深恩 심은 이라이니

第四章 果報顯應

第一節 啓發懺修

爾時(이시)에 大衆(대중)이 聞佛所說父母恩德(문불소설부모은덕)하고 垂淚悲泣(수루비읍)하며 白佛言(백불언) 世尊(세존)이시여 我等(아등)이 今(금) 者(자)에 深是罪人(심시죄인)이라 云何報得父母深恩(운하보득부모심은)이리잇고 佛告第子(불고제자)하사 欲得報恩(욕득보은)인대 爲於父母(위어부모)하야 書

寫此經(사차경)하며 爲於父母(위어부모)하야 讀誦此經(독송차경)하며 爲於父母(위어부모)하야 懺悔罪愆(참회죄건)하며 爲於父母(위어부모)하야 供養三寶(공양삼보)하며 爲於父母(위어부모)하야 受持齋戒(수지재계)하며 爲於父母(위어부모)하야 布施修福(보시수복)이니 若能如是(약능여시)면 則名爲孝順之子(즉명위효순지자)요 不作此行(부작차행)이면 是地獄人(시지옥인)이라이니

第二節　阿鼻墮苦

佛告阿難하사 不孝之人은 身壞命終에 墮阿鼻無間地獄하니 此大地獄은 縱廣이 八萬由旬이요 四面鐵城에 周廻羅網하고 其地는 亦鐵이라 盛火洞燃하야 猛烈炎爐ㅣ 雷奔電爍하고 洋銅鐵汁으로 流灌罪人하며 鐵蛇

銅(동)狗(구)는 恒(항)吐(토)烟(연)炎(염)하야 燠(욱)燒(소)煮(자)炙(자)하며 脂(지)膏(고)燋(초)然(연)하야 苦(고)痛(통)哀(애)哉(재)라 難(난)堪(감)難(난)忍(인)하며 鐵(철)鏘(장)鐵(철)串(찬)과 鐵(철)鎚(추)鐵(철)戟(극)과 劍(검)刃(인)刀(도)輪(륜)이 如(여)雨(우)如(여)雲(운)으로 空(공)中(중)而(이)下(하)하야 或(혹)斬(참)或(혹)刺(척)에 苦(고)罰(벌)罪(죄)人(인)하야 歷(역)劫(겁)受(수)殃(앙)호대 無(무)時(시)間(간)歇(헐)하며 又(우)令(령)更(경)入(입)地(지)獄(옥)中(중)하야 頭(두)戴(대)火(화)盆(분)하고 鐵(철)車(거)分(분)裂(열)하면 腸(장)肚(두)骨(골)肉(육)이 燋(초)

云何報得父母深恩고 佛告弟子欲得
報恩인대 爲於父母하야 重興經典하면 是眞報
得父母恩也니 能造一卷하면 得見一佛하고
能造十卷하면 得見十佛하고 能造百卷하면 得
見百佛하고 能造千卷하면 得見千佛하고 能造
萬卷하면 得見萬佛이니 緣此等人의 造經力

故로 是諸佛等이 常來擁護하야 令使其人으로

父母得生天上하야 受諸快樂하고 永離地獄

苦니라

第三編 流通分

第一章 八部誓願

爾時大衆에 阿修羅와 迦樓羅와 緊那

羅(라)와 摩(마)睺(후)羅(라)伽(가)ㅣ 人(인)非(비)人(인)等(등)과 天(천)龍(룡)夜(야)叉(차)

乾(건)闥(달)婆(바)와 及(급)諸(제)小(소)王(왕)과 轉(전)輪(륜)聖(성)王(왕)是(시)諸(제)大(대)

衆(중)이 聞(문)佛(불)所(소)說(설)하고 各(각)發(발)願(원)言(언)호대 我(아)等(등)이 盡(진)

未(미)來(래)際(제)토록 寧(녕)碎(쇄)此(차)身(신)을 猶(유)如(여)微(미)塵(진)하야 經(경)百(백)

千(천)劫(겁)도이라 誓(서)不(불)違(위)於(어)如(여)來(래)聖(성)敎(교)하며 寧(녕)以(이)百(백)千(천)

劫(겁)에 拔(발)出(출)其(기)舌(설)을 長(장)百(백)由(유)旬(순)하야 鐵(철)犁(려)耕(경)之(지)에

血流成河(혈류성하)라도 誓不違於如來聖敎(서불위어여래성교)하며 寧以(녕이)

百千刀輪(백천도륜)으로 於自身中(어자신중)에 左右出入(좌우출입)도이라 誓(서)

不違於如來聖敎(불위어여래성교)하며 寧以鐵網(녕이철망)으로 周匝纏(주잡전)

身(신)하야 經百千劫(경백천겁)도이라 誓不違於如來聖敎(서불위어여래성교)하며 皮(피)

寧以剉碓(녕이좌대)로 斬碎其身(참쇄기신)을 經百千劫(경백천겁)도이라 百千萬斷(백천만단)하야

肉觔骨(육근골)이 悉皆零落(실개영락)을 經百千劫(경백천겁)도이라 終不(종불)

違어 於어 如여 來래 聖성 教교하오리다

第二章 佛示經名

爾이時시阿아難난이 白백佛불言언대하사 世세尊존이시 此차經경을

當당何하名명之지며 云운何하奉봉持지하리닛고

佛불告고阿아難난대하사 此차經경은 名명爲위大대報보父부母모恩은

重중經경이니 已이是시名명字자로 汝여當당奉봉持지니라

第三章　人天奉持
제삼장 인천봉지

爾時大衆에 天人阿修羅等이 聞佛所
이시대중에 천인아수라등이 문불소

說하고 皆大歡喜하야 信受奉行하고 作禮而退라하니
설하고 개대환희하야 신수봉행하고 작례이퇴라하니

◇報父母恩眞言
보부모은진언

『나모 삼만다 못다남 옴 아아나 사바하』(일곱 번)

◇往生眞言 왕생진언

『나모 삼만다 못다남 옴 신뎨율니 사바하』(일곱 번)

佛說大報父母恩重經終 불설대보부모은중경종

한글 부모은중경 [佛說大報父母恩重經]

무비 스님

제1편 이 경을 설한 인연 [序分]

이와 같이 나는 들었습니다.

한때 부처님께서 사위국의 왕사성에 있는 기수급고독원에서 대비구 3만 8천 명과 여러 보살마하살과 함께 계셨습니다.

제2편 마른 뼈의 가르침 [正宗分]
제1장 은혜에 보답하는 것도 인연 [報恩因緣]
제1절 여래께서 엎드려 땅에 대고 절함 [如來頂禮]

이때에 부처님께서 대중들과 함께 남방으로 가시다가 한 무더기의 마른 뼈를 보셨습니다. 그때 부처님께서는 땅에 오체투지로 마른 뼈에 예배를 드리셨습니다. 이를 보고 아난과 대중이 부처님께 여쭈었습니다.

"세존이시여, 여래께서는 삼계의 큰 스승이시며, 사생의 자비로운 아버지이시며, 여러 사람들이 귀의해 존경하옵는데 어찌하여 마른 뼈에 예배하시옵니까?"

제2절 전생을 말함 [佛認宿世]

부처님께서 아난에게 말씀하셨습니다.

"네가 비록 나의 뛰어난 제자이고, 출가한 지도 오래되었지만 아직 널리 깨닫지 못하는구나. 이 한 무더기의 뼈가 혹시 나의 전생의 오랜 조상이나 부모의 뼈일 수도 있기에 내가 지금 예배를 드리는 것이니라."

제3절 두 가지로 나눔[二分問答]

부처님께서 다시 아난에게 이르셨습니다.

"아난아, 네가 이제 한 무더기의 마른 뼈를 둘로 나누어 보아라. 만일 남자의 뼈라면 희고 무거울 것이요, 만약 그것이 여자의 뼈라면 검고 가벼울 것이니라."

아난은 의문이 풀리지 않아 부처님께 다시 여쭈었습니다.

"세존이시여, 남자는 이 세상에 살아 있을 때 큰옷을 입고 띠를 매고 신을 신고, 모자를 쓰고 다니기 때문에 남자의 몸인 줄 압니다. 또한 여자는 세상에 살아 있을 때 연지와 곤지를 곱게 바르고 좋은 향기를 풍기고 다니기에 때문에 여인의 몸인 줄 알게 됩니다. 그러나 지금처럼 죽은 후의 백골은 모두 같은데, 저로 하여금 어떻게 구별해보라고 하시옵니까?"

부처님께서 아난에게 말씀하셨습니다.

"만약 남자라면 세상에 있을 때에 절에 가서 법회도 듣고 경도 외우며, 삼보에 예배하고 부처님의 이름도 외웠을 것이니라. 그러므로 뼈는 희고 또한 무거울 것이니라. 그러나 반대로 여자라면 세상에 있을 때 음욕에만 뜻을 두고, 아들 딸을 낳고 기르는 데 있어, 한 번 아이를 낳을 때마다 서 말 서 되나 되는 엉킨 피를 흘리며 자식에게 여덟 섬 너 말이나 되는 흰젖을 먹여야 하느니라. 그런 까닭으로 뼈가 검고 가벼울 것이니라."

아난이 이 말씀을 듣고 어머님 생각에 가슴을 마치 칼로 도려내는 것처럼 아팠습니다. 그래서 슬프게 눈물을 흘리며 부처님께 여쭈었습니다.

"세존이시여, 어머니의 은덕을 어떻게 보답해야 되겠습니까?"

제2장 낳으시고 기르신 은혜[歷陳恩愛]

제1절 잉태했을 때의 고생[彌月劬勞]

부처님께서 아난에게 말씀하셨습니다.

"이제부터 자세히 듣고, 똑똑히 들어라. 내가 너를 위하여 소상하게 말해주겠느니라. 어머니가 아이를 갖게 되면 열 달 동안 그 고통과 수고가 말할 수 없느니라."

어머니가 아이를 잉태한 지 첫달이 되면 그 태아는 마치 풀잎에 맺힌 이슬과 같아서 아침에는 잘 있었다가 저녁에는 없어질 수도 있느니라. 이는 이른 새벽에는 피가 모여들었다가 낮이 되면 흩어지기 때문이니라.

어머니가 잉태한 지 두 달이 되면 마치 엉킨 우유와 같이 되느니라.

어머니가 잉태한 지 셋째 달이 되면 태아가 마치 엉킨 피와 같느니라.

어머니가 잉태한 지 넷째 달이 되면 점차로 사람의 형상을 이루느니라..

어머니가 잉태한 지 다섯 달이 되면 어머니의 뱃속에서 오포가 생겨나게 되느니라. 이 오포란 머리, 두 팔과 두 무릎을 합하여 모두 다섯 부분이 되느니라.

어머니가 잉태한 지 여섯 달이 되면 아이가 어머니 뱃속에서 여섯 가지 육정(六精)이 열리게 되느니라. 여섯 가지 정이란, 첫째 눈이요, 둘째는 귀이며, 셋째는 코이며, 넷째는 입이고, 다섯째는 혀이며, 여섯째로 뜻을 육정이라 하느니라.

어머니가 잉태한 지 일곱 달이 되면 아이가 어머니 뱃속에서 3백 6십 뼈마디와 8만 4천의 털구멍이 생기게 되느니라.

어머니가 잉태한 지 여덟 달이 되면 그 의식과 지혜가 생기고 또한 아홉 개의 구멍이 뚜렷하게 되느니라.

어머니가 잉태한 지 아홉 달이 되면 아이가 어머니의 뱃속에서 무엇인가를 먹게 된다. 복숭아 · 배 · 마늘은 먹지 않고 오곡(五穀)만을 먹어야 하느니라.

어머니의 생장(生藏)은 아래로 향하고, 숙장(熟藏)은 위로 향한 사이에 한 산이 있는데 세 가지 이름을 갖느니라. 한 이름은 수미산이요, 또 한 이름은 업산이요, 또 다른 이름은 혈산이다. 이 산이 한번 무너지게 되면 한 덩어리의 엉킨 피가 되어서 태아의 입속으로 흘러 들게 되느니라.

어머니가 잉태한 지 열 달이 되면 비로서 태어나게 되는데 만일 효순(孝順)할 아들이라면, 두 손을 모아 합장하고 나오므로 어머니의 몸을 상하지 않게 하느니라. 그러나 만일 오역(五逆)의 죄를 범할 자식이면 어머니의 아기집을 찢고, 손으로는 어머니의 심장이나 간을 움켜 쥐며, 발로는 어머니의 골반을 밟아서 어머니로 하여금 마치 1천개의 칼로 쑤시며 1만 개의 송곳으로 심장을 쑤시는 것처럼 고통을 주게 되느니라. 이처럼 고통을 주고 이몸 받아 생을 얻었음에도 그 위에 오히려 열 가지 은혜가 있느니라."

제2절 열 가지 부모의 은혜를 찬송함[十偈讚頌]

첫째, 몸에 품어 보호해주신 은혜[懷耽守護恩]
여러 겁이 거듭하여 온 무거운 인연으로
이제 이승에 다시 와서 모태에 들었네
날이 지나고 달이 지나서 오장이 생겨나고
일곱 달이 되어서 육정이 열렸네
한 몸의 무겁기가 태산과 같고
가고 서는 몸놀림에 바람과 재앙 조심하며
좋고 좋은 비단옷 모두 다 입지 않고
매일 단장하던 화장대에는 먼지만 쌓였네

둘째, 낳으실 때 고통받으신 은혜[臨産受苦恩]
잉태하시어 열 달 지나니
어려운 해산 날이 다가오네
아침마다 흡사 중병 든 사람같고
날마다 정신마저 흐려지고
두려움을 어찌 다 기억하며

근심하는 눈물은 가슴을 적시네
슬픈 빛을 띠우고 주위에 하는 말
이러다가 죽지 않나 겁이 나네

셋째, 자식을 낳고 근심을 잊으신 은혜〔生子忘憂恩〕
자애로운 어머니가 그대 낳던 날
오장이 모두 열리고 벌어졌네
몸과 마음이 함께 기절하였고
피를 흘려 놓은 자리 양을 잡은 듯 하네
낳은 아이 건강하다는 말 듣고
그 기쁨이 배로 되었네
기쁨이 가라앉자 다시 슬픔이 오면서
아픔이 심장까지 사무쳐 오네

넷째, 쓴것 삼키고 단것 뱉아 먹이는 은혜〔咽苦吐甘恩〕
무겁고도 깊으신 부모님 은혜
베푸시고 사랑하심은 한시도 변함없이
단 것은 다 뱉으시니 잡수실 것 무엇이며
쓴 것만을 삼키셔도 싫어함이 없으시네
사랑이 무거우니 정을 참기 어렵고
은혜가 깊으니 슬픔만 더하도다
다만 아이가 배 부르기만 바라시고
자애로운 어머니 굶주려도 만족하시네

다섯째, 진자리 마른자리 가려 누이는 어머니 은혜〔回乾就濕恩〕

어머니 당신은 젖은 자리 누우시고
아이는 안아서 마른 자리 찾아 뉘시네
두 젖으로는 목마름을 채워 주시고
고운 옷 소맷자락으로는 찬 바람 막아 주시네
아이 걱정에 밤잠을 설치셔도
아이 재롱으로 기쁨을 다하시네
오직 하나 아이만을 편하게 하시고
자애로운 어머니 불편도 마다 하지 않으시네

여섯째, 젖을 먹여 길러주신 은혜〔乳哺養育恩〕
어머니의 깊은 은혜 땅과도 같고
아버지의 높은 은혜 하늘과 같네
깊은 마음 땅과 같고 높은 마음 하늘 같아서
어머니 마음 아버지 마음 그와 같아서
두 눈이 없다 해도 미워하는 마음이 없고
손발이 불구라 해도 귀여워하시네
내 몸 속에서 키워 낳으신 까닭에
온 종일 아끼시며 사랑하시네

일곱째, 손발이 닳도록 깨끗이 씻어주신 은혜〔洗濯不淨恩〕
아아, 아름답던 옛 얼굴엔
아리따운 그 모습 소담하신 몸매
푸른 눈썹은 버들빛 같았고
붉은 두 뺨은 연꽃빛을 안은 듯
은혜가 더할수록 그 모습은 여위셨고

씻기고 빨다 보니 이마에 주름만 느네
아아, 아들 딸 생각하는 끝없는 노고
어머니의 얼굴에 잔주름만 늘었네

여덟째, 먼길 떠나면 걱정하시는 은혜〔遠行憶念恩〕
죽어서 이별이야 말할 것도 없고
살아서 생이별 또한 고통스러운 것
자식이 집 떠나 멀리 나가면
어머니의 마음 또한 타향에 가 있네
낮이나 밤이나 자식 뒤쫓는 마음
흐르는 눈물은 천 줄기 만 줄기
새끼를 사랑하는 어미원숭이 울음처럼
자식 생각에 애간장 다 끊어지네

아홉째, 자식을 위해 애쓰시는 은혜〔爲造惡業恩〕
부모님 은혜 강산같이 소중하여
갚고 갚아도 갚기 어려워라
자식의 괴로움 대신 받기 원하시고
자식이 고단하면 어머니 마음 편치 않네
자식이 먼 길 떠난다는 말 듣기만 해도
가는 길 밤추위 실로 걱정되네
아들딸의 고생은 잠시 이건만
어머니는 오래도록 마음 졸이네

열째, 끝까지 사랑해주시는 은혜〔究竟憐愍恩〕

깊고 무거운 부모님의 크신 은혜
베푸신 큰 사랑 잠시도 그칠 새 없네
앉으나 서나 마음을 놓치 않고
멀거나 가깝거나 항상 함께 하시네
어머님 연세 백 세가 되어도
팔십된 자식을 항상 걱정하시네
부모님의 이 사랑 언제 그치리이까
이 목숨 다할 때까지 비로소 떠나리

제3장 은혜를 잊어버리는 불효[廣設業難]
제1절 여러가지 죄악을 제시[指數諸愆]

부처님께서 다시 아난에게 말씀하셨습니다.

"내가 중생을 보니 비록 사람의 인품은 이어받았으나 마음과 행동이 어리석고 어두워서 부모님의 크신 은혜와 덕을 알지 못하느니라. 그래서 부모를 공경하는 마음을 잃고 은혜를 버리고 덕을 배반하며, 어질고 자비로움이 없어서 효도를 하지 않고 의리가 없느니라."

부처님께서 계속하여 말씀하셨습니다.

"어머니가 아이를 가져 열 달 동안은 일어서고 앉는 것이 매우 불편하여 무거운 짐을 진 것과 같고, 음식이 잘 소화되지 않아서 마치 큰 병든 사람과 같느니라. 달이 차서 아이를 낳을 때도 고통이 심하여 잠깐 동안의 잘못으로 죽게 되지 않을까 하는 두려움에 싸이며, 돼지나 양을 잡은 것처럼 피가 흘러 땅을 적시느니라. 온갖 고통을 이처럼 겪으면서도 이 몸을 낳아서 쓴 것은 삼키고 단 것은 뱉아 먹이시며 안아주고 업어서 기르신다. 더러운 것을 빨아도 싫어하지 않으시고 더운 것도 참고, 추운 것도 참아 온갖 고생 마다 하지 않으시니라. 마른 자리는 자식을 누이시고 자신은 젖은 곳에 누우며, 3년 동안 어머니의 젖을 먹고 자

라서 마침내 나이가 들면 예절과 의리를 가르치며, 시집 장가 들여 벼슬자리에 내보내기 위하여 공부도 시키고 직업도 갖게 하느니라.

이렇게 애써 가르쳐도 은혜로운 정이 끊겼다고는 말할 수 없다. 아들 딸이 병이라도 들게 되면 부모님 또한 병이 생기며, 자식의 병이 나으면 자애로운 부모님의 병 또한 나으신다. 이렇게 기르시면서 하루빨리 어른이 되기를 바라시느니라."

부처님께서 계속 말씀하셨습니다.

"이윽고 자식이 다 자란 뒤에는 도리어 불효를 행하느니라. 부모와 함께 이야기를 나눌 때 마음에 맞지 않는다고 눈을 흘기고 눈동자를 부릅뜨고, 큰 아버지와 작은 아버지도 속이고 형제간에 서로 때리고 따르지 않고, 부모님의 가르침과 지시도 따르지 않고 형제간의 말도 일부러 어기느니라. 출입하고 왕래함에 있어서도 어른께 말씀드리기는커녕 말과 행동이 교만하여 매사를 제멋대로 처리하느니라. 이런 것을 부모가 타이르고, 어른들이 그른 것을 바로 말해 주어야 하거늘 어린 아이라고 어여쁘게 생각하여 웃어른들이 감싸주기만 하느니라.

그래서 점점 커가면서 사나워지고 비뚤어져서 잘못한 일도 반성하지 않고 오히려 성을 내게 되며, 또한 좋은 벗을 버리고 나쁜 사람을 벗으로 사기고, 그러한 나쁜 습성이 천성이 되어 몹쓸 계획을 세우며, 남의 꾀임에 빠져 타향으로 도망쳐가서 마침내는 부모를 배반하게 되느니라. 집을 떠나고 고향을 이별하여 혹 장삿길로 나가거나 혹 싸움터에 나가 지내다가 갑자기 객지에서 결혼이라도 하게 되면 이로 말미암아 오랫동안 집에 돌아오지 못하느니라.

혹은 타향에서 잘못하여 남의 꾐에 빠져 횡액으로 갇히게 되어 억울하게 형벌을 받기도 하며, 감옥에 갇혀 목에 칼을 쓰고 손발에 족쇄를 차기도 하느니라.

혹 질병을 얻어 고난을 당하거나 모질고 사나운 운수에 얽혀 고통과 고난에 배고프고 고달퍼도 누구 하나 보살펴주는 사람이 없느니라. 남의 미움과 천대를 받아 거리에 나앉는 신세가 되어 죽게 되어도 구해주고 돌보아줄 사람이 없느니

라. 죽게 되어 시체는 부풀어 터지고 썩어서 볕에 쬐고 바람에 날려 백골만 뒹굴게 되느니라. 이렇게 타향땅에 버려져서 친척들과 함께 만나 즐겁게 지내기는 영영 멀어지느니라.

이렇게 되면 부모는 자식을 뒤쫓아 항상 근심하고 걱정으로 살며, 혹은 울다가 눈이 어두워지기도 하며, 혹은 비통하고 애끓는 마음에 기가 막혀 병이 되기도 하고. 혹은 자식 생각에 몸이 쇠약해서 죽기도 하며, 이로 인해 외로운 혼이 원한이 되어서 끝내 잊어버리지 못하느니라.

혹은 다시 들으니, 자식이 효도와 의리를 숭상하지 않고, 나쁜 무리들과 어울려서 무례하고, 추악하고, 거칠고 사나워져서 무익한 일을 익히기 좋아하고, 남과 싸우며, 도둑질하고, 술마시고 노름을 하며, 여러 가지 과실을 저지르며, 이로 인해 형제에게까지 그 누를 끼치며 부모의 마음을 어지럽게 하느니라. 새벽에 집을 나갔다가 저녁 늦게야 돌아와서 부모를 걱정하게 하느니라.

부모의 생활 형편이 춥고 더운 것에는 조금도 아랑곳하지 않고, 아침 저녁이나 초하루 보름에도 부모를 편히 모실 생각은 추호도 하지 않느니라. 부모가 나이들어 쇠약하여 모습이 보기싫게 되면 오히려 남이 볼까 부끄럽다고 괄시와 구박을 하느니라.

혹은 또 아버지가 홀로 되거나 어머니가 홀로 되어 빈방을 혼자서 지키게 되면, 마치 손님이 남의 집살이하는 것처럼 여겨 평상과 자리의 먼지와 흙을 털고 닦을 때가 없으며, 부모가 있는 곳에 문안하거나 살펴보는 일이 없느니라. 방이 추운지 더운지, 부모가 배가 고픈지 목이 마른지 일찍이 알지 못하며, 이리하여 부모는 밤낮으로 스스로 슬퍼하고 탄식을 하느니라. 혹 맛있는 음식을 얻으면 이것으로 부모님께 봉양해야 함에도 불구하고 이를 도리어 부끄럽게 여기고 다른 사람들이 비웃는다고 하면서도, 혹 좋은 음식을 보면 이것을 가져다가 자기 아내와 자식은 주면서도 추하고 못났다 하지 않고 피로하고 수고스럽지만 부끄럽다 하지 않느니라. 또 아내와 첩에 대한 약속은 무슨 일이든지 잘 지키면서도

부모의 말씀과 꾸중은 전혀 어렵고 두렵게 생각지 않느니라.

혹은 딸자식일 경우 남의 배필이 되어 시집가게 되면, 시집가기 전에는 모두 효도하고 순종하더니 혼인을 한 후에는 불효한 마음이 점점 늘어나니라. 부모가 조금만 꾸짖어도 원망하면서 제 남편이 때리고 꾸짖는 것은 이를 참고 달게 여기느니라.

성이 다른 남편쪽 어른에게는 정이 깊고 사랑이 넘치면서 자기의 육친에게는 도리어 소원(疏遠)하게 대하느니라.

혹 남편을 따라서 타향으로 옮겨가게 되면, 부모를 이별하고서도 사모하는 마음이 없으며 소식도 끊어지고 편지도 없게 되느니라. 그리하여 부모는 간장이 끊어지고 오장육부가 뒤집힌 듯하여, 딸의 얼굴을 보고싶어하는 것이 마치 목마른 때에 물을 생각하듯 간절하여 잠시도 쉴 새가 없게 되느니라.

이렇게 부모의 은덕은 한량이 없고 끝이 없건만 불효의 죄는 이와 같이 이루다 말할 수 가 없느니라."

이때 모든 사람들이 부처님께서 말씀하시는 부모님의 은덕을 듣고 몸을 일으켜 땅에 던지고 스스로 부딪쳐 몸의 털구멍마다 모두 피를 흘리며 기절하여 땅에 쓰러졌습니다. 한참 후에 깨어나서 큰소리로 부르짖었습니다.

"괴롭고 슬퍼서 마음이 아픕니다. 우리들은 이제야 죄인임을 깊이 깨닫게 되었습니다. 그동안은 아무것도 몰라서 깜깜하기가 마치 밤에 길을 걷는 것 같더니 이제 비로소 잘못된 것을 깨닫고 보니 마음은 괴롭고 아픕니다. 바라옵건대 부처님이시여, 불쌍히 여기시어 구제해 주시옵소서. 어떻게 해야 부모님의 깊은 은혜를 갚겠습니까?"

제2절 여덟 가지의 깊고 무거운 법음[援喩八種]

이때 부처님께서는 여덟 가지의 깊고도 무거운 법음으로 여러 사람들에게 말씀하셨습니다.

“너희들은 마땅히 알아야 할 것이다. 내가 이제 너희들을 위하여 분별해서 설명하리라. 가령 어떤 사람이 왼쪽 어깨에 아버지를 업고 오른쪽 어깨에 어머니를 업고, 피부가 닳아져 뼈에 이르고 뼈가 닳아져 골수에 미치도록 수미산을 백천 번 돌더라도 오히려 부모님의 은혜는 갚을 수가 없느니라.

가령 어떤 사람이 굶주리는 흉년의 액운을 당해서 부모를 위하여 자기의 온몸뚱이를 도려내어 티끌같이 잘게 갈아서 백천 겁이 지나도록 하여도 오히려 부모님의 깊은 은혜는 갚을 수 없느니라.

가령 어떤 사람이 잘 드는 칼로써 부모님을 위하여 자기의 눈동자를 도려내어 부처님께 바치기를 백천 겁이 지나도록 하여도 오히려 부모님의 깊은 은혜를 갚을 수 없느니라.

가령 어떤 사람이 부모님을 위하여 아주 잘 드는 칼로 그의 심장과 간을 베어서 피가 흘려 땅을 적셔도 아프다는 말을 하지 않고 괴로움을 참으며 백천 겁이 지나더라도 오히려 부모님의 깊은 은혜는 갚을 수 없느니라.

가령 어떤 사람이 부모님을 위하여 아주 잘 드는 칼로 자기의 몸을 찔러 칼날이 좌우로 드나들기를 백천 겁이 지나도록 하더라도 오히려 부모님의 깊은 은혜는 갚을 수가 없느니라.

가령 어떤 사람이 부모님을 위하여 몸을 심지로 삼아 불을 붙여서 부처님께 공양하기를 백천 겁이 지나도록 하더라도 오히려 부모의 깊은 은혜는 갚을 수 없느니라.

가령 어떤 사람이 부모님을 위하여 뼈를 부수고 골수를 꺼내며, 또는 백천 개의 칼과 창으로 몸을 쑤시기를 백천 겁이 지나도록 하여도 오히려 부모님의 은혜는 갚을 수가 없느니라.

가령 어떤 사람이 부모님을 위하여 뜨거운 무쇠덩이를 삼켜 온몸이 불타도록 하기를 백천 겁이 지나도록 하여도 오히려 부모님의 깊은 은혜는 갚을 수가 없느니라.”

제4장 불효에 대한 과보[果報顯應]

제1절 발심하여 참회하고 닦아야 함[啓發懺修]

이때에 모든 사람들은 부처님께서 말씀하시는 부모님의 깊은 은덕을 듣고 눈물을 흘리고 슬피울면서 부처님께 여쭈었습니다.

"부처님이시여, 저희들이 이제야 큰 죄인임을 알았습니다. 어떻게 해야 부모님의 깊은 은혜를 갚을 수 있겠습니까?"

부처님께서 제자들에게 말씀하시기를,

"부모님의 은혜를 갚으려거든 부모님을 위하여 이 경을 쓰고, 부모님을 위하여 이 경을 읽고 외울 것이며, 부모님을 위하여 죄와 허물을 참회하고, 부모님을 위하여 삼보를 공경하고, 부모님을 위하여 재계(齋戒)를 받아 지니며, 부모님을 위하여 보시하고, 복을 닦아야 하느니라.

만일 능히 이렇게 하면 효도하고 순종하는 자식이라 할 것이요, 이렇지 못한다면 이는 지옥에 떨어질 사람이니라."

제2절 무간지옥에 떨어지는 고통[阿鼻墮苦]

부처님께서 아난에게 말씀하셨습니다.

"불효한 자식은 몸이 무너져 목숨을 마치게 되면 아비무간지옥(阿鼻無間地獄)에 떨어지느니라. 이 큰 지옥은 길이와 넓이가 팔만 유순(由旬)이나 되고, 사면에는 무쇠성이 둘려 있고, 그 주위에는 다시 철망으로 둘러싸여 있느니라. 그리고 그 땅은 붉은 무쇠로 되어 있는데 거기서는 불길이 맹렬히 타오르며 우뢰가 치고 번개가 번쩍이느니라. 여기서 끓는 구리와 무쇠 녹인 물을 죄인의 입에 부어 넣으며, 무쇠로 된 뱀과 구리로 된 개가 항상 연기와 불을 토하는데, 이 불은 죄인을 태우고 지지고 볶아 기름이 지글지글 끓게 되니 그 고통과 비통함은 견딜 수가 없느니라.

그 위에 무쇠채찍과 무쇠꼬챙이, 무쇠망치와 무쇠창 그리고 칼과 칼날이 비와 구름처럼 공중으로부터 쏟아져 내려 사람을 베고 찌른다. 이렇게 죄인들을 괴롭히고 벌을 내리는 것을 여러 겁이 지나도록 하여 고통을 받게 하는 것이 그칠 새가 없느니라.

또, 이 사람을 다시 다른 지옥으로 데리고 가서 머리에 화로를 이고 무쇠수레로 사지를 찢으며, 창자와 살과 뼈가 불타고 하루에도 천만 번 죽고 살게 한다. 이렇게 고통을 받는 것은 모두 전생에 오역(五逆)의 불효한 죄가 저질렀기 때문이니라."

제3절 부모님의 은혜를 갚는 길 [上界快樂]

이때 모든 사람들이 부처님께서 부모님의 은덕을 말씀하시는 것을 보고 눈물을 흘리고 슬피울면서 부처님께 여쭈었습니다.

"저희들이 이제 어떻게 해야 부모님의 깊은 은혜를 갚을 수 있겠습니까?"

이에 부처님은 제자들에게 말씀하시기를,

"부모님의 은혜를 갚고자 하거든 부모님을 위하여 이 경전을 다시 펴는 일을 한다면 이것이 참으로 부모의 은혜를 보답하는 것이니라. 경전 한 권을 펴내면 한 부처님을 뵈옵는 것이요, 열 권을 펴내면 열 부처를 뵈옵는 것이요, 백 권을 펴내면 백 부처님을 뵈옵는 것이요, 천 권을 펴내면 천 부처님을 뵈옵는 것이요, 만 권을 펴내면 만 부처님을 뵈옵는 것이 니라.

이렇게 한 사람은 경을 펴낸 공덕으로 모든 부처님들이 오셔서 항상 옹호해 주시는 까닭에 이 사람이 부모로 하여금 천상에서 태어나게 하여 모든 즐거움을 받으며 지옥의 괴로움을 영원히 벗어나게 되느니라."

제3편 부처님께 맹세 [流通分]
제1장 불법을 수호하는 여덟 신장들 [八部誓願]

이때 여러 사람 가운데 아수라·가루라·긴나라·마후라가·인비인(人非人)·천(天)용·야차·건달바와 또 여러 작은 나라의 왕들과 전륜성 왕과 모든 사람들이 부처님의 말씀을 듣고 각각 이렇게 발원했습니다.

"저희들은 앞으로 세상이 다하도록 차라리 이 몸이 부숴져 작은 먼지같이 되어서 백천 겁을 지낼지언정 맹세코 부처님의 가르침을 어기지 않겠습니다.

또 차라리 백천 겁 동안 혀를 백유순(百由旬)이 되도록 빼어내어 이것을 다시 쇠보습으로 갈아서 피가 흘러 내를 이룬다 해도 맹세코 부처님의 가르침을 어기지 않겠습니다.

또 차라리 백천 자루의 칼로 이 몸을 좌우로 찌르더라도 맹세코 부처님의 가르침을 어기지 않겠습니다.

또 차라리 쇠그물로 이 몸을 얽어서 백천 겁을 지나더라도 부처님의 거룩하신 가르침을 어기지 않겠습니다.

또 차라리 작두와 방아로 이 몸을 썰고 찧어서 백천만 조각을 내어 가죽과 살과 힘줄과 뼈가 모두 가루가 되어 백천 겁을 지나더라도 끝까지 부처님의 가르침을 어기지 않겠습니다."

제2장 이 경의 명칭 [佛示經名]

이 말을 듣고 아난이 부처님께 여쭈었습니다.

"부처님이시여, 이 경을 무엇이라 이름하여 어떻게 받들어 지니오리까?"

부처님께서 아난에게 말씀하셨습니다.

"이 경은《대보부모은중경》이라 할 것이며 이렇게 이름을 지어 너희들은 항상 받들어 지녀야 하느니라."

제3장 하늘과 사람이 받듦[人天奉持]

이때 모든 사람 가운데·천(天)·인(人)·아수라 등이 부처님 말씀을 듣고 모두 크게 기뻐하여 이 말을 믿고 받들어 그대로 행할 것을 맹세하고 절하고 물러 갔습니다.

◇부모의 은혜에 보답하는 진언[報父母恩重眞言]

나모 삼만다 못다남 옴 아아나 사바하(일곱 번)

◇극락세계에 태어나기를 바라는 진언[往生眞言]

나모 삼만다 못다남 옴 싯데율이 사바하(일곱 번)

불설대보부모은중경(佛說大報父母恩重經) 끝

회 향 문

사경제자 :   합장

사경마침 일시 :   년   월   일

정성스럽게 쓰신 사경본 처리 방법

· 가보로 소중히 간직합니다.

· 본인이 지니고 독송용으로 사용합니다.

· 다른 분에게 선물합니다.

· 돌아가신 분을 위한 기도용 사경은 절의 소대에서 불태워 드립니다.

· 법당, 불탑, 불상 조성시에 안치합니다.

도서출판 窓 "무량공덕 사경" 시리즈

제1권	반야심경	무비스님 편저
제2권	금강경	무비스님 편저
제3권	관세음보살보문품	무비스님 편저
제4권	지장보살본원경	무비스님 편저
제5권	천수경	무비스님 편저
제6권	부모은중경	무비스님 편저
제7권	목련경	무비스님 편저
제8권	삼천배 삼천불	무비스님 편저
제9권	보현행원품	무비스님 감수
제10권	신심명	무비스님 편저
제11권	불설아미타경	무비스님 편저
제12권	원각경보안보살장	무비스님 편저
제13권	천지팔양신주경	무비스님 감수
제14권	대불정능엄신주	무비스님 편저
제15권	수보살계법서	무비스님 편저
제16권	불설우란분경	무비스님 편저
제17권	미륵삼부경	무비스님 편저(근간)
제18권	화엄경약찬게	무비스님 편저(근간)
제19권	법성게	무비스님 편저(근간)
제20권	묘법연화경(전7권)	무비스님 편저(근간)

도서출판 窓 "무량공덕 우리말 사경" 시리즈(근간)

제1권	우리말 반야심경	무비스님 편저
제2권	우리말 금강경	무비스님 편저
제3권	우리말 관세음보살보문품	무비스님 편저
제4권	우리말 지장보살본원경	무비스님 편저
제5권	우리말 천수경	무비스님 편저
제6권	우리말 부모은중경	무비스님 편저
제7권	우리말 예불문	무비스님 편저
제8권	우리말 백팔대참회문	무비스님 편저
제9권	우리말 묘법연화경(전7권)	무비스님 편저
제10권	우리말 삼천배 삼천불	무비스님 감수

도서출판 窓 "묘법연화경 한지 사경" 시리즈 무비스님 감수

제1권	묘법연화경	(제1품, 제2품)
제2권	묘법연화경	(제3품, 제4품)
제3권	묘법연화경	(제5품, 제6품, 제7품)
제4권	묘법연화경	(제8품, 제8품, 제9품, 제10품, 제11품, 제12품, 제13품)
제5권	법연화경	(제14품, 제15품, 제16품, 제17품)
제6권	묘법연화경	(제18품, 제19품, 제20품, 제21품, 제22품, 제23품)
제7권	묘법연화경	(제24품, 제25, 제26품, 제27품, 제28품)

※표지: 비단표지, 본문: 고급국산한지

☼ "무량공덕 사경" 시리즈는 계속 간행됩니다.

☆ 법보시용으로 다량주문시 특별 할인해 드립니다.

☆ 원하시는 불경의 독송본이나 사경본을 주문하시면 정성껏 편집 · 제작하여 드립니다.

◆무비(如天 無比) 스님
· 전 조계종 교육원장.
· 범어사에서 여환스님을 은사로 출가.
· 해인사 강원 졸업.
· 해인사, 통도사 등 여러 선원에서 10여년 동안 안거.
· 통도사, 범어사 강주 역임.
· 조계종 종립 은해사 승가대학원장 역임.
· 탄허스님의 법맥을 이은 강백.
· 화엄경 완역 등 많은 집필과 법회 활동.

▶저서와 역서
· 『금강경 강의』, 『보현행원품 강의』, 『화엄경』, 『예불문과 반야심경』,
  『반야심경 사경』 외 다수.

父母恩重經

초판 발행일 · 2005년 2월 10일
9쇄 발행일 · 2021년 1월 25일
편　저 · 무비 스님
펴낸이 · 이규인
편　집 · 천종근
펴낸곳 · 도서출판 窓
등록번호 · 제15-454호
등록일자 · 2004년3월 25일

주소 · 서울특별시 마포구 대흥로4길 49, 1층(용강동, 월명빌딩)
전화 · 322-2686, 2687 / 팩시밀리 · 326-3218
e-mail · changbook1@hanmail.net
홈페이지 · http://www.changbook.co.kr

ISBN 89-7453-107-0 04220
정가　6,500원

* 파손된 책은 구입하신 서점이나 《도서출판 窓》 에서 바꾸어 드립니다.
☞ 염화실(http://cafe.daum.net/yumhwasil)에서 무비스님의 강의를 들을 수 있습니다.

* 지은이 약력

남계 우상익(南溪 禹商益)선생님은 1954년 태어나 현재는 대전에서 살고 계시며,
통도사 대전 포교원 불교대학 총동문회장 역임하셨습니다.
또한 불자시인인 동시에 불화작가로 많은 전시회를 통해 작품을 발표하셨으며,
그동안 발표하신 작품을 모아 책으로 펴내셨습니다. 현재 불화작가로 활동하고 계십니다.

E-mail · wsangik@hanmail.net

신행일지

초판 발행일 · 2006년 11월 20일
초판 펴낸날 · 2006년 11월 25일
지은이 · 남계 우상익
펴낸이 · 이규인
펴낸곳 · 도서출판 窓
등록번호 · 제15-454호
등록일자 · 2004년3월 25일

주소 · (121-885) 서울특별시 마포구 합정동 388-28번지 합정빌딩 3층
전화 · 322-2686, 2687/팩시밀리 · 326-3218
e-mail · changbook1@yahoo.co.kr

ISBN 89-7453-199-2 04220
정가 10,000원

꼬리말

"선남자야 모든 공양 가운데 법공양(法供養)이 가장 으뜸이니라"

- 화엄경 보현행원품 -

보살의 삶을 '안으로 보리를 찾고 밖으로 이웃형제를 구제한다
(上求菩提 下化衆生)' 라고 말합니다.

우리 불자들의 진실한 삶을 부처님께 바치는 거룩한 공양으로
정성을 다하여 살 것입니다.

* 법보시용으로 다량 주문시 특별 할인해 드립니다.
* 아트 그림을 고급액자(20X25cm)로 제작하여 판매하오니
  주문 바랍니다.

도반 주소록

성 명	법 명	주 소		E-mail	
		자 택		핸드폰	
성 명	법 명	주 소		E-mail	
		자 택		핸드폰	
성 명	법 명	주 소		E-mail	
		자 택		핸드폰	
성 명	법 명	주 소		E-mail	
		자 택		핸드폰	
성 명	법 명	주 소		E-mail	
		자 택		핸드폰	
성 명	법 명	주 소		E-mail	
		자 택		핸드폰	
성 명	법 명	주 소		E-mail	
		자 택		핸드폰	
성 명	법 명	주 소		E-mail	
		자 택		핸드폰	
성 명	법 명	주 소		E-mail	
		자 택		핸드폰	
성 명	법 명	주 소		E-mail	
		자 택		핸드폰	
성 명	법 명	주 소		E-mail	
		자 택		핸드폰	
성 명	법 명	주 소		E-mail	
		자 택		핸드폰	
성 명	법 명	주 소		E-mail	
		자 택		핸드폰	
성 명	법 명	주 소		E-mail	
		자 택		핸드폰	

도반 주소록

성 명	법 명	주소		E-mail	
		자 택		핸드폰	
성 명	법 명	주소		E-mail	
		자 택		핸드폰	
성 명	법 명	주소		E-mail	
		자 택		핸드폰	
성 명	법 명	주소		E-mail	
		자 택		핸드폰	
성 명	법 명	주소		E-mail	
		자 택		핸드폰	
성 명	법 명	주소		E-mail	
		자 택		핸드폰	
성 명	법 명	주소		E-mail	
		자 택		핸드폰	
성 명	법 명	주소		E-mail	
		자 택		핸드폰	
성 명	법 명	주소		E-mail	
		자 택		핸드폰	
성 명	법 명	주소		E-mail	
		자 택		핸드폰	
성 명	법 명	주소		E-mail	
		자 택		핸드폰	
성 명	법 명	주소		E-mail	
		자 택		핸드폰	
성 명	법 명	주소		E-mail	
		자 택		핸드폰	

 성지순례 방문록 

사 찰 명	
주지 스님	
일 자	
동행 도반	

사 찰 명	
주지 스님	
일 자	
동행 도반	

사 찰 명	
주지 스님	
일 자	
동행 도반	

사 찰 명	
주지 스님	
일 자	
동행 도반	

사 찰 명	
주지 스님	
일 자	
동행 도반	

사 찰 명	
주지 스님	
일 자	
동행 도반	

사 찰 명	
주지 스님	
일 자	
동행 도반	

사 찰 명	
주지 스님	
일 자	
동행 도반	

사 찰 명	
주지 스님	
일 자	
동행 도반	

사 찰 명	
주지 스님	
일 자	
동행 도반	

사 찰 명	
주지 스님	
일 자	
동행 도반	

사 찰 명	
주지 스님	
일 자	
동행 도반	

* 한 달, 또는 1년에 성지순례 몇 사찰 하겠다는 願을 年初에 세워 이행 하십시요. (願은 클수록 좋습니다)

성지순례 방문록

성지순례를 통해서 우리는 더욱 굳은 믿음을 가지게 되며 다녀오면 우리의 마음은 한결 평안할 것입니다.

그리고 또 다른 순례처를 계획해야겠지요.

가는 곳 마다 만나 뵙는 부처님과의 만남은 기쁨에 더없는 환희심으로 가득 찰 것입니다.

성지순례는 부처님의 초대이며 우리는 그에 응답하는 것입니다.

부처님의 부르심은 분명 목적이 있을 것입니다.

우리는 순례를 통해 그 목적을 캐어내고 내 안의 부처를 찾으러 떠납시다.

사 찰 명	
주지 스님	
일 자	
동행 도반	

사 찰 명	
주지 스님	
일 자	
동행 도반	

사 찰 명	
주지 스님	
일 자	
동행 도반	

사 찰 명	
주지 스님	
일 자	
동행 도반	

사 찰 명	
주지 스님	
일 자	
동행 도반	

사 찰 명	
주지 스님	
일 자	
동행 도반	

사 찰 명	
주지 스님	
일 자	
동행 도반	

사 찰 명	
주지 스님	
일 자	
동행 도반	

반야심경

마하반야바라밀다심경

관자재보살 행심반야바라밀다 시

조견 오온개공도 일체고액 사리자

색불이공 공불이색 색즉시공 공즉시색

수상행식 역부여시 사리자 시제법공상

불생불멸 불구부정 부증불감 시고

공중무색 무수상행식 무안이비설신의

무색성향미촉법 무안계 내지 무의식계

무무명 역무무명진 내지 무노사 역무노사진

무고집멸도 무지역무득 이무소득고 보리살타

의반야바라밀다 고 심무가애 무가애고

무유공포 원리전도몽상 구경열반 삼세제불

의반야바라밀다 고득아뇩다라삼먁삼보리

고지 반야바라밀다 시대신주 시대명주

시무상주 시무등등주 능제일체고 진실불허

고설 반야바라밀다주 즉설주왈

아제 아제 바라아제 바라승아제 모지 사바하

아제 아제 바라아제 바라승아제 모지 사바하

아제 아제 바라아제 바라승아제 모지 사바하

南無釋迦牟尼佛 南無釋迦牟尼佛 南無是我本師釋迦牟尼佛

회향문

부처님 제자   합장

회향일 : 불기   년   월   일

南無釋迦牟尼佛 南無釋迦牟尼佛 南無是我本師釋迦牟尼佛

일 지

불기　　　년(　7　월　일　요일　날씨

제목 :

'덕분입니다　감사합니다'

불기　　　년(　7　월　일　요일　날씨

제목 :

일 지

불기   년(7   월   일   요일   날씨

제목 :

'덕분입니다   감사합니다'

불기   년(7   월   일   요일   날씨

금강경 제사사구게

"일체 유위법이 여몽환포영하며 여로역여전 하니
응작여시관이니라"
일체의 함이 있는 법은 꿈과 같고 환상과 같고
물거품과 같으며 그림자 같으며 이슬과 같고 또한
번개와도 같으니 응당 이와같이 관할지니라.

일 지

불기　　　년(　7　월　　일　　요일　　날씨

제목 :

'덕분입니다　감사합니다'

불기　　　년(　7　월　　일　　요일　　날씨

일 지

불기　　　년(　7　월　　일　　요일　　날씨

제목 :

'덕분입니다　감사합니다'

불기　　　년(　7　월　　일　　요일　　날씨

제목 :

금강경 제삼사구게

"약이색견아어나 이음성구아하면 시인은 행사
도라 불능견 여래니라"

만약 색신으로서 나를 보거나 음성으로서
나를 구하면 이 사람은 사도를 행함이라
능히 여래를 보지 못하리라.

일 지

불기　　　년(　　7　월　　　일　　　요일　　　날씨

제목 :

'덕분입니다　감사합니다'

일 지 

불기   년(7   월   일   요일   날씨

제목 :

불기   년(7   월   일   요일   날씨

제목 :

금강경 제이사구게
"불응주색생심하며 불응주성향미촉법생심이요
응무소주하야 이생기심이니라"

응당히 색에 머물러서 마음을 내지말며 응당
성향미촉법에 머물러서 마음을 내지 말것이요.
응당 머문바없이 그 마음을 낼지니라.

일 지

불기　　　년(　 7 　월　　일　　요일　　날씨

제목 :

'덕분입니다　감사합니다'

불기　　　년(　 7 　월　　일　　요일　　날씨

제목 :

일 지

불기　　년(　7　월　　일　　요일　　날씨

제목 :

'덕분입니다　감사합니다'

불기　　년(　7　월　　일　　요일　　날씨

제목 :

'금강경'

금강경 제일사구게

"범소유상이 개시허망이니 약견제상비상하면
즉견여래니라"

　무릇 형상이 있는 것은 모두가 다 허망하다.
만약 모든 형상을 형상이 아닌것으로 보면 곧
여래를 보리라.

일 지

불기   년(7   월   일   요일   날씨

제목 :

'덕분입니다 감사합니다'

불기   년(7   월   일   요일   날씨

제목 :

일 지

불기　　　년(　7　월　　　일　　　요일　　　날씨

제목 :

'덕분입니다　감사합니다'

불기　　　년(　7　월　　　일　　　요일　　　날씨

제목 :

'대보루각다라니'

돌아가신 부모님을 위해 이 진언을 영가전에 놓고
조석으로 독송하면 삼악도에 떨어진 영가라도 죄업
이 소멸되어 인간세계나 천상이나 극락세계로 왕생
하게 되는 진언.

일 지 

불기　　　년 (7)　월　　일　　요일　　날씨

제목 :

'덕분입니다　감사합니다'

불기　　　년 (7)　월　　일　　요일　　날씨

제목 :

일 지 

불기   년l 7 월   일   요일   날씨

게목 :

'덕분입니다 감사합니다'

불기   년l 7 월   일   요일   날씨

게목 :

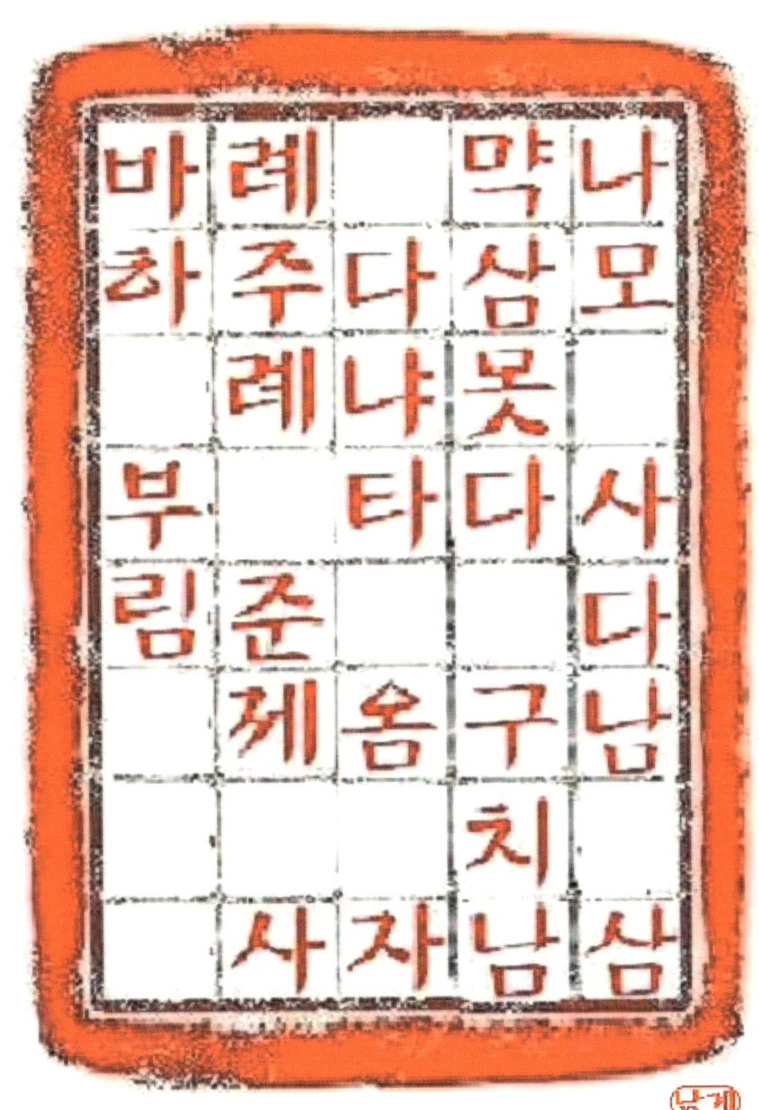

'관세음보살 준제진언'

칠억 부처님의 어머니이신 준제 관세음
보살님께서 죄업을 소멸하고 간절한 소원
을 성취 시켜주시는 진언.

일 지

불기   년(7   )월   일   요일   날씨

제목 :

불기   년(   )월   일   요일   날씨

일 지

불기   년(7 월   일   요일   날씨

제목 :

'덕분입니다   감사합니다'

불기   년   월   일   요일   날씨

제목 :

나모 사만다 못다남 아바라지
하다사 사나남 다냐타 옴 카카
카혜 카혜 훔 훔 아바라 아바라
바라아바라 아바라 지따지
따지리 지리 빠다 빠다 선지가
시리예 사바하

'불설소재길상다라니'

재앙과 고난을 풀어 없애주는 진언.

불기　　　년 l　 7 월　　일　　요일　　날씨

제목 :

'덕분입니다　감사합니다'

불기　　　년 l　 7 월　　일　　요일　　날씨

제목 :

일 지

불기　　　년ㅣ　7　월　　　일　　　요일　　　날씨

제목 :

'덕분입니다　감사합니다'

불기　　　년ㅣ　7　월　　　일　　　요일　　　날씨

제목 :

'정법계진언'

범계를 청정히 하고 아울러 '나'를
맑게 정화하는 진언.

일 지

불기　　　년(　　7　　월　　일　　요일　　날씨

제목 :

'덕분입니다　감사합니다'

일 지 

불기　　　년(　7　월　　일　　요일　　날씨

게목 :

'덕분입니다　감사합니다'

불기　　　년(　7　월　　일　　요일　　날씨

게목 :

'지장보살 촘부다라니'

지장보살님의 원력이 담긴 진언으로서
지장보살님께 죄업을 참회하면서 외우는
진언.

| 불기 | 년(7 월 | 일 | 요일 | 날씨 |

제목 :

불기　　　년(　7　월　　일　　요일　　날씨

일 지 

불기　　　년l　7월　　일　요일　　날씨

제목 :

'덕분입니다　감사합니다'

불기　　　년　7월　　일　요일　　날씨

제목 :

'옴 아모카 바이로차나 마하무드라 마니
파드마 즈바라 프라바룻타야 훔,'

'광 명 진 언'

　비로자나 부처님의(大日如來) 원력이 담긴 진언
으로서 이 진언을 한번 외움은 다섯분의 선정 부
처님께 귀의함과 같아 살아서는 일체 불보살님의
가피를 받고 죽어서는 중간계에 들지않고 五禪定
부처님께서 마중 나오셔서 비추는 광명에 인도되
어 중간계 상태에서 바로 해탈하여 정토에 난다.

일 지 

불기　　　년(　7　월　　일　　요일　　날씨

제목 :

'덕분입니다　감사합니다'

불기　　　년(　7　월　　일　　요일　　날씨

제목 :

일 지

불기　　　년(　7　월　　일　　요일　　날씨

제목 :

불기　　　년(　7　월　　일　　요일　　날씨

'육자대명왕진언'

관세음보살의 광대원만한 자비심을 소리로
형상화한 또 다른 이름이 육자진언이다.
이 다라니를 많이 독송하면 관세음보살의
본심에 감응하여 심중소구소원을 모두 이루고
반야지혜를 증득한다.

일 지

불기　　　년(　1　7　월　　일　　요일　　날씨

제목 :

'덕분입니다　감사합니다'

불기　　　년(　1　7　월　　일　　요일　　날씨

제목 :

일 지 

불기　　　년(　7　월　　일　　요일　　날씨

제목 :

'덕분입니다　감사합니다'

불기　　　년(　7　월　　일　　요일　　날씨

'神妙章句大陀羅尼'

**'천수천안 관세음보살 광대원만
무애대비심 대다라니경'**

관세음보살의 원력이 담긴 진언으로서
이 다라니를 독송하면 삼악도에 떨어지지 않고
불국토에 다시 태어날것이며 무량의 삼매와
더불어 크나큰 재주를 그리고 현생에서 구하고
자 하는바를 성취 할수있다.

일 지

불기　　　년(　7　월　　일　　요일　　날씨

제목 :

'덕분입니다　감사합니다'

불기　　　년(　7　월　　일　　요일　　날씨

일 지 

불기　　　년(　7　월　　일　　요일　　날씨

제목 :

불기　　　년(　7　월　　일　　요일　　날씨

제목 :

-마이산을 떠나며-

기이한 봉우리가 하늘밖에 떨어지니
쌍으로 쭈빗한 모양이 말의 귀와 같구나.

높이는 몇 천 길이 되는데
연기와 안개속에 우뚝하도다.

우연히 임금님의 행차 하심을 입어
아름다운 이름이 만년에 전하네.

중원에도 또한 이름이 있으니
이름과 실체가 서로 비슷하도다.

천지조화의 고요함은 실로 끝이 없으니
천지가 혼돈했던 처음 일을 생각하도다.

성종때 성리학자 김종직

일 지 

불기   년(   )   월   일   요일   날씨

제목 :

'덕분입니다   감사합니다'

불기   년(   )   월   일   요일   날씨

제목 :

일 지 

불기　　　년(　 7 　월　　일　　요일　　날씨

제목 :

'덕분입니다　감사합니다'

불기　　　년(　 7 　월　　일　　요일　　날씨

제목 :

부끄러워 할것을 부끄러워 하지 않고
부끄러워 하지 않을 것을 부끄러워 하면
살아 이승에서 그릇된 소견이요
죽어 저승에서 지옥에 떨어진다.

(법구경 지옥품 中에서)

일 지

불기　　　년(　7　월　　일　　요일　　날씨

제목 :

불기　　　년(　7　월　　일　　요일　　날씨

제목 :

일 지

불기　　　년(　7　월　　일　　요일　　날씨

제목 :

'덕분입니다　감사합니다'

불기　　　년(　7　월　　일　　요일　　날씨

제목 :

'실상사 장승'

물거품 같다고 쎄상을 보라.
아지랑이 같다고 쎄상을 보라.
이렇게 쎄상을 관찰하는 사람은
죽음의 왕을 보지 않는다.

(법구경 쎄속품 中에서)

일 지 

불기   년(7   월   일   요일   날씨

제목 :

불기   년   월   일   요일   날씨

제목 :

일 지

불기   년(7   월   일   요일   날씨

제목 :

'덕분입니다   감사합니다'

불기   년(7   월   일   요일   날씨

사람이 만일 바르고 뚜렷하여
도를 뜻해서 욕심 없으면
이 사람 복덕은 한량없나니...
아아 부처님에게 귀의한 사람이여

(법구경 쌍서품 中에서)

일 지

불기　　　년　　7　월　　　일　　요일　　날씨

제목 :

'덕분입니다　감사합니다'

불기　　　년　　7　월　　　일　　요일　　날씨

제목 :

일 지

불기　　　년(/7월　　일　　요일　　날씨

제목 :

'덕분입니다　감사합니다'

불기　　　년(　　7월　　일　　요일　　날씨

제목 :

이승에 태어날 종자가 끊어지고
저승에 떨어질 종자가 부셔져
어디에 의지함이 없는
'깨달음' '편안함'
나는 그를 '바라문'이라 한다.

(법구경 바라문품 中에서)

일 지

불기　　　년(　7　월　　일　　요일　　날씨

제목 :

불기　　　년(　7　월　　일　　요일　　날씨

제목 :

일 지 

불기　　　년ㅣ　7　월　　　일　　　요일　　　날씨

제목 :

'덕분입니다　감사합니다'

불기　　　년ㅣ　7　월　　　일　　　요일　　　날씨

제목 :

'지심귀명례'

원래 자기가 지은 업이라
뒤에 가서 자기가 스스로 받는다.
자기가 지은 죄는 자기를 부수나니
금강석이 보석을 부수는 것처럼.

(법구경 불타품 中에서)

일 지

불기　　　년(　7　월　일　요일　　날씨

제목 :

'덕분입니다　감사합니다'

일 지

불기　　　년(　7　월　　일　　요일　　날씨

제목 :

불기　　　년(　7　월　　일　　요일　　날씨

제목 :

'달 보는섬 간월암'

물때 맞춰 자갈 밟고
사바세계 들어서니
법당 앞마당에 팽나무 한그루
예전모습 그대롤세

바위섬 벼랑치는 파도소리와
탱화속에 해수관음 걸음하사
불경소리 가득하니
얼씨구나
이것이
극락세계 조화로운 범음일세

육백년전 무학은 저 달을보고
홀연히 깨쳐 부처를 이루고
달보는 섬, 간월암이라 이름 했는데
오늘밤 내가 본
저 달과 무에 다르뇨

갯벌의 짠 바람은 깨침의 오도송 실어
내 귓전을 스치고
내가 지핀 향로의 향내음이
깊은 무명, 무거운 업장 벗어 질꼬나

무학이 태조에게 진상 했다던
탱글탱글 어리굴젓
노을 속 깨친 달 아래서
한첨들어 곡차 한잔 하세나. - 남계 - 

일 지

불기　　　년(　7　월　　일　　요일　　날씨

제목 :

'덕분입니다　감사합니다'

불기　　　년　　　7　　　일　　　요일　　　날씨

제목 :

일 지 

불기   년(7   월   일   요일   날씨

제목 :

'덕분입니다   감사합니다'

불기   년(7   월   일   요일   날씨

제목 :

'三千佛'

마치 어머니가 목숨을 걸고
외아들을 아끼듯이,
모든 살아 있는 것에 대해서
한량없는 자비심을 내라.

(숫타니파타 사품 中에서)

일 지

불기　　　　년(　　7　월　　　일　　요일　　　날씨

제목 :

'덕분입니다　감사합니다'

불기　　　　년(　　7　월　　　일　　요일　　　날씨

제목 :

일 지

불기 　　년(7 월 　일 　요일 　날씨

제목 :

불기 　　년(7 월 　일 　요일 　날씨

제목 :

'백팔염주'

모자라는 것은 소리를 내지만,
가득 찬 것은 아주 조용하다.
어리석은 자는 반쯤 물을 채운
항아리 같고,
지혜로운 이는 가득 찬 연못과 같다.

(숫타니파타 대품 中에서)

일 지 

불기　　　년(　7　월　일　요일　날씨

제목 :

불기　　　년　　　7　월　일　요일　날씨

제목 :

일 지

불기　　　년(　7　월　　일　　요일　　날씨

제목 :

'덕분입니다　감사합니다'

불기　　　년(　7　월　　일　　요일　　날씨

제목 :

자기 마음을 스승으로 삼아라.
남을 따라서 스승으로 하지말라.
자기를 잘 닦아 스승으로 삼으면,
능히 얻기 어려운 스승을 얻나니.

(법구경 기신품 中에서)

일 지 

불기   년(7 월   일   요일   날씨

제목 :

'덕분입니다   감사합니다'

불기   년(7 월   일   요일   날씨

제목 :

일 지 

불기 　 년〔 　 〕 월 　 일 　 요일 　 날씨

게목 :

불기 　 년〔 　 〕 월 　 일 　 요일 　 날씨

게목 :

'신원사 배롱나무 향기'

인간사 서러울게 많다하니
기다림의 그리움은 늘 허기 진다네

산허리에 메어있는 저 구름도
힘겨워 쉬어 갈게

중악당 산신각의 구슬픈 염불소리
참회하는 여인아 알음알이 네 탓이로다

헤어도 헤아릴 길 없는
수만 갈래 업보의 길 기도로서 풀어질까

보이지 않게 다녀 가신 계룡산 솔바람이
한서린 여인네 눈물 베인 앞섶 말려 주누나

신원사 앞뜰 배롱나무 향기는
깊은 온 산야 불 지른다.

- 남계 -

일 지

불기 　　년(　7 월　　일　　요일　　날씨

제목 :

'덕분입니다　감사합니다'

불기 　　년(　7 월　　일　　요일　　날씨

제목 :

일 지

불기　　　년　　　월　　　일　　　요일　　　날씨

제목 :

'덕분입니다　감사합니다'

불기　　　년　　　월　　　일　　　요일　　　날씨

제목 :

경전을 아무리 적게 알아도
법을 따라 도를 행하고,
탐심과 성냄과 어리석음 버리어
지식은 청당하고 마음은 해탈해서,
이승에도 저승에도 집착이 없으면
그야말로 부처님의 제자이니라.

(법구경 쌍서품 中에서)

일 지 

불기　　　년l　7 월　　　일　　　요일　　　날씨

제목 :

'덕분입니다　감사합니다'

불기　　　년l　7 월　　　일　　　요일　　　날씨

제목 :

일 지

불기　　　년(　7　월　　일　　요일　　날씨

제목 :

'덕분입니다　감사합니다'

불기　　　년(　7　월　　일　　요일　　날씨

제목 :

낡은 것을 좋아하지 말아라.
새로운 것에 매혹 당하지 말아라.
사라져가는 것을 슬퍼하지 말아라.
잡아 끄는 것에 붙잡히지 말아라.

(숫타니파타 여덟편의 時 中에서)

일 지

불기　　　년/　　7 월　　　일　　　요일　　　날씨

제목 :

'덕분입니다　감사합니다'

불기　　　년/　　7 월　　　일　　　요일　　　날씨

제목 :

일 지

불기　　　년(　7　월　　일　　요일　　날씨

제목 :

'덕분입니다　감사합니다'

불기　　　년　　　7　월　　일　　요일　　날씨

'미륵보살 반가사유상'

당신은 깨달으신 분입니다.
당신은 스승이십니다.
당신은 악마의 정복자이며, 현자이십니다.
당신은 번뇌의 습성을 끊고,
몸소 건너시고 또 이 사람들을 건네주십니다.

(숫타니파타 대품 中에서)

일 지 

불기 　　　년(　 7 　월　　 일　　 요일　　 날씨

제목 :

불기 　　　년(　 7 　월　　 일　　 요일　　 날씨

제목 :

일 지

불기　　　년(　 7 　)월　　　일　　　요일　　　날씨

제목 :

'덕분입니다　감사합니다'

불기　　　년(　 7 　)월　　　일　　　요일　　　날씨

제목 :

'달마'

일 지 

불기　　　년　7　월　　일　　요일　　날씨

제목 :

'덕분입니다　감사합니다'

불기　　　년　7　월　　일　　요일　　날씨

제목 :

일 지 

불기 　　년(7 월 　일 　요일 　날씨

제목 :

'덕분입니다　감사합니다'

불기 　　년(7 월 　일 　요일 　날씨

제목 :

일어나 앉아라.
잠을 자서 너희들에게 무슨 이익이 있겠는가.
화살에 맞아 고통 받는 이에게 잠이 웬말인가.

(숫타니파타 소품 中에서)

발 원 문

불기　　　　　　년　　　　　월　　　　　일

南無釋迦牟尼佛　南無釋迦牟尼佛　南無是我本師釋迦牟尼佛

불교 연중 행사일

4대 재일

탄신일 - 음 4. 8

출가일 - 음 2. 8

성도일 - 음 12. 8

열반일 - 음 2. 15

5대 재일

우란분절 - 음 7. 15 [百中日]

월별 행사

초하루 법회 - 매월 음 1일

약사 재일   - 매월 음 8일

미타 재일   - 매월 음 15일

지장 재일   - 매월 음 18일

관음 재일   - 매월 음 24일

절기 행사

입춘기도일 - 매년 입춘이 드는 날

삼진날   - 음 3. 3

칠석날   - 음 7. 7

동짓날   - 매년 동지가 드는 날

南無釋迦牟尼佛 南無釋迦牟尼佛 南無是我本師釋迦牟尼佛

수계[受戒]

삼귀의계　三歸依戒

* 거룩한 부처님께 귀의합니다.

* 거룩한 가르침에 귀의합니다.

* 거룩한 스님들께 귀의합니다.

불자오계　佛子五戒

* 산 목숨을 죽이지 않겠습니다.

* 주지 않는 것을 훔치지 않겠습니다.

* 그릇된 음행을 하지 않겠습니다.

* 거짓말을 하지 않겠습니다.

* 지나치게 술을 먹지 않겠습니다.

* 불 명[法名] : ___________

* 수 계 일 자 : ___________

* 수 계 사 찰 : ___________

* 은 사 스 님 : ___________

南無釋迦牟尼佛　南無釋迦牟尼佛　南無是我本師釋迦牟尼佛

추천 찬탄사

세상에 아무리 좋은 것이 있다 하더라도 꽃향기보다 더 좋은 것이 있을까?

세상에 아무리 귀한 것이 있다 하더라도 인간을 포함한 생명보다 더 귀중한 것이 있을까?

세상에 아무리 높은 것이 있다 하더라도 인간이 인간다운 하늘 같은 높고 큰 마음을 갖는 것보다 더 높고 큰 것이 있을까?

부처님은 만고불변의 인류중생 사회의 크고 밝은 길을 인도하시는 큰스승이시며 인류 역사상 최초의 성인이시고 성인 중의 성왕이시다.

꽃과 생명과 하늘이 있던들 부처님의 올바른 가르치심이신 정법의 실천이 없다면 아름다운 꽃은 시들어 버리고 귀중한 생명과 하늘은 그 빛을 잃고 마나니 우상익 거사의 신심과 부처님을 향한 그 애모심은 신행일지라는 각고의 노력을 내어 놓았다.

개개인의 그 꽃 향기를 내어뿜고 그 귀중한 생명의 고귀성을 하늘처럼 내어 쓰도록 갖추어 주신 은덕은 우리 모두 다 같이 찬탄에 찬탄을 드리는 바이다. 늘 곁에 두고 다복한 삶의 길잡이가 되도록 널리 활용하여야 함이 옳다고 판단한다.

불기 2550년(2006) 8월 30일
동국대학교 불교대학원장 겸
불교대학장
철학박사 조 용 길 합장

그린이의 말

삼보께 정례 하옵고,

여기 빈 여백이 있습니다.

석가모니 부처님, 스님이라는 부처님, 도반이라는 부처님, 그리고 무엇보다도 자기 속의 부처님, 이 모든 부처님과 자신과의 대화로 이 한 권의 일지는 꽉 채워질 것입니다.

그리하여 여기 남겨진 언어들은 긴 여운의 종소리 되어 자성안의 또다른 여백을 메워갈 것입니다. 그리고 자신을 긴 침묵으로 이끌 것입니다.

부처를 만나면 부처를 죽이라는 어느 선사의 말씀처럼 세속의 속박에서 벗어나 내 안의 자성을 찾아보려 불화(佛畵)속에서 참나를 구하고자 합니다.

대자대비하신 부처님 말씀을 그림으로써 작은 한 장의 종이 위에 모든 걸 담으려니 옹색하기 그지없고 죄스럽기까지 합니다.

그동안 그림을 계속 그릴 수 있도록 아낌없는 관심과 격려를 보내주신 많은 도반들과 밤낮으로 편히 작업할 수 있는 공간을 내준 잠훈 후배, 그리고 부처님 법문과 같은 추천 찬탄사 글을 주신 동국대학교 불교대학원장 조용길 선생님께 머리 숙여 감사 드립니다.

오늘도 허허로운 마음 컴퓨터 앞에 앉으며 마음을 추수려 봅니다.

모든 게 그저 감사할 뿐입니다.

"모든 것이 하나로 돌아가는데 그러하면 이 하나는
어디로 돌아가는가"(萬法歸一　一歸何處)
덕분입니다. 감사합니다

불기 2550년 여름 막바지에　南溪 禹商益

序

삼보께 정례하옵고,

우리 불자들의 궁극적 이상은 진리를 깨쳐 성불하는 것입니다.

우리가 가진 불성, 이것이 곧 성불의 씨앗입니다.

씨앗의 근본이 기도 정진이겠지요.

내가 이룬 수행이 성불농사의 결실로 나타나게 됩니다.

농부가 한 해 농사의 농부일지를 쓰듯이 우리 불자님들도 수행과정을 이 한 권의 日紙에 기록해 간다면 탐.진.치를 소멸하고 마음의 불을 밝히고 몸을 태워 향을 사르는 수행에 크게 도움이 될 것입니다.

* 큰스님 초청법회 법문 내용 요점 기록
* 법사님의 강의 내용 요점 기록
* 사찰행사 및 방생기도, 성지순례 행사 후기담 기록
* 생활 속의 선행담 기록
* 자식이나 주위 친한분에게 선물
* 가보로 소중히 간직
* 일상생활 속의 일기장

이 신행일지를 책상머리에 두고 아침, 저녁으로 펼쳐 읽고 기록하면 반드시 남모르는 어떤 얻음이 있을 것을 믿어 확신합니다.

부디 불도를 이루시길 바랍니다.

덕분입니다.   감사합니다.

南無釋迦牟尼佛 南無釋迦牟尼佛 南無是我本師釋迦牟尼佛

신행일지

①

窓